HUANGPU GUJIANZHU

黄埔古建筑（下卷）

广州市黄埔区文化广电旅游局　编

華南理工大學出版社
SOUTH CHINA UNIVERSITY OF TECHNOLOGY PRESS
·广州·

图书在版编目（CIP）数据

黄埔古建筑. 下卷/广州市黄埔区文化广电旅游局编. —广州：华南理工大学出版社，2019. 9
ISBN 978-7-5623-6067-4

I. ①黄… II. ①广… III. ①古建筑-介绍-广州 IV. ①K928. 71

中国版本图书馆CIP数据核字（2019）第161411号

黄埔古建筑·下卷

广州市黄埔区文化广电旅游局　编

出 版 人：卢家明
出版发行：华南理工大学出版社
（广州五山华南理工大学17号楼，邮编510640）
http://www.scutpress.com.cn　E-mail: scutc13@scut.edu.cn
营销部电话：020-87113487　87111048（传真）
策划编辑：王　磊
责任编辑：王　倩
印 刷 者：广州市人杰彩印厂
开　　本：787mm×1092mm　1/12　印张：$12\frac{1}{3}$　字数：131千
版　　次：2019年9月第1版　2019年9月第1次印刷
定　　价：158.00元

HUANGPU GUJIANZHU

序

黄埔区位于广州市东部，扼省河入海之要冲，自古即为商贸繁盛之地。公元594年，隋文帝在“扶胥之口，黄木之湾”立祠以祭南海神，此后经历代修葺扩建，遂使南海神庙成为南方海贸祭祀文化之渊薮。从建筑史的角度而言，南海神庙亦可谓黄埔古建筑的发轫之作。

秦代以降，北方历代战乱频仍，造成了数次中原地区汉族衣冠南渡大潮，这在很大程度上影响了岭南文化发展的进程和趋势。加之发达的海外贸易，海洋文化与本土南越文化、中原文化相互交融，造就了岭南文化务实、兼容、创新与开放的特质。基于这一文化背景，岭南古建筑在空间布局、功能诉求、与环境的关系以及建筑风格上，也就呈现出鲜明的地域特征。

在空间布局上，岭南古村落往往以院落为基本单元，整齐划一，梳式排列，再由院落组织成主次分明、纵横有序的巷道，并由巷道构成结构完整的村落。而在功能诉求上，岭南古建筑力求遮阳、隔热、通风、防火、防盗。在建筑与环境的关系上，则注重建筑依山傍水，融入自然。黄埔古建筑在风格上既有北方建筑之雄伟，又有江南建筑之灵动，熔中国传统的天人合一、经世致用思想于一炉，彰显出自然与人文和谐、外显与含蓄统一的哲学智慧。

如果说思想是文化的花朵，那么建筑就是文化的外壳。黄埔古建筑正是对岭南文化深刻而生动的诠释，那些历经数百年的风雨至今依然矗立在黄埔大地上的古建筑，便是岭南文化的活化石。

衣冠南渡不是田园牧歌式的远足，而是充满艰辛与凶险的逃亡。当年，为避乱而南渡的先人们，扶老携幼渡江越岭，最终在珠江之畔寻得安身立命之所。在黄埔大地上，他们筚路蓝缕，胼手胝足，栉风沐雨，衔泥筑巢，从而奠定一村之基业。为报本追源，后人遵循宗法家族规范和传统，将家族历史和对未来的美好期望与祝福蕴涵在“三雕一塑”、壁画、楹联、匾额等建筑装饰艺术中，构筑起美轮美奂的家族宗祠。建祠之际，台柱砖瓦必重金搜罗，不厌其精；匾额饰物必精雕细琢，不厌其繁。因而，这些精美的宗祠也就成为家族生命的里程碑和共同的精神家园，成为独特的建筑文化景观。

故乡是什么？是流传已久的歌谣和传说，更是故土的老屋和街巷。多少年以后，黄埔后人或扎根乡土，或远走他乡，甚或旅居海外。无论居庙堂之高还是处江湖之远，行行止止间，身影可以随时光的流逝而渐行渐远，但是，窗外漫天星辉下，几回回梦里返故乡，无不是青砖黛瓦龙船脊，石鼓砖雕镬耳墙。

建筑是有生命的，就如同万物生灵一样，如同在这片土地上世代延续的家族生命一样。流连于黄埔古村落，走进那些古街巷，一幅绵长的历史文化画卷就会在我们面前徐徐展开。那些书院家塾，那些宗祠庙堂，那些楼台亭塔，无疑是包裹在层层现代建筑中的中国传统文化内核，其文化生命在今天依然有着勃勃生机。走近这些建筑，触摸这些画栋雕梁，依稀可以感觉到温热的跃动着的生命脉搏，穿越了几个世纪的日月光华，将生命的力量传递到我们身上。

为记录和传承历史文化遗产，我们组织力量编纂本书，以期保留这些弥足珍贵的共同的历史记忆。我们相信，随着岁月更迭，这些历史文化遗产将愈显珍贵，其包含的文化意蕴将历久而弥新，其文化价值亦将永不磨灭。因为，这些古建筑蕴涵着对博大精深的中国传统文化的继承与礼敬，凝聚着前人对后人和未来的期冀，其所承载着的也是沉淀在世代黄埔儿女心灵深处对家园故土最深沉、最缱绻的乡愁。

是为序。

《黄埔古建筑》编委会

2019年9月

目录

萝峰书香 LUOFENG SHUXIANG

建筑瑰宝　源远流长　/ 002

三教并存　俎桓名山　/ 010

楼堂七檐　文运昌盛　/ 024

人文荟萃　翰墨生辉　/ 036

竹马之交　情深意长　/ 048

宗祠流芳 ZONGCI LIUFANG

钟氏二宗祠　/ 054

润峰祖祠　/ 062

圣裔宗祠　/ 068

三山朱公祠　/ 074

三捷何公祠　/ 082

时四陈公祠　/ 088

配件撷英 PEIJIAN XIEYING

木 雕 / 122

匾 额 / 128

砖 雕 / 134

石 雕 / 136

庙宇览胜 MIAOYU LANSHENG

笔岗玄帝古庙 / 098

元贝玉虚宫 / 106

塘头北帝古庙 / 112

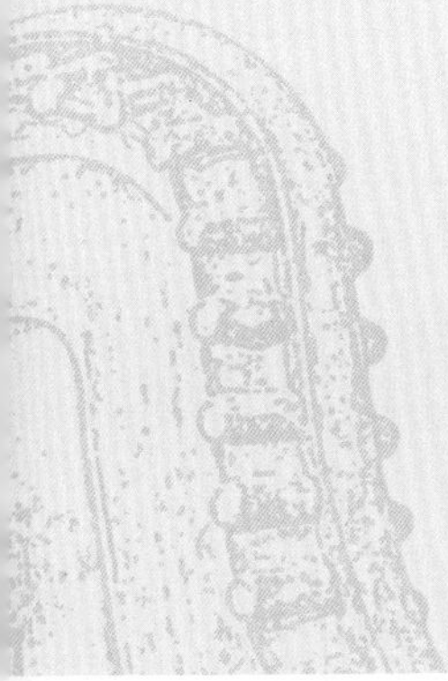

黄埔古建筑

HUANGPU GUJIANZHU

萝峰书香

LUOFENG SHUXIANG

建筑瑰宝　源远流长

JIANZHU GUIBAO YUANYUAN LIUCHANG

三教并存　俎梪名山

SANJIAO BINGCUN ZUDOU MINGSHAN

楼堂七檐　文运昌盛

LOUTANG QIYAN WENYUN CHANGSHENG

人文荟萃　翰墨生辉

RENWEN HUICUI HANMO SHENGHUI

竹马之交　情深意长

ZHUMA ZHIJIAO QINGSHEN YICHANG

建筑瑰宝　源远流长

玉岩书院原名种德庵、萝坑精舍，始建于南宋孝宗隆兴年间，到清末之前历代都有重修或扩建，至今已有800余年的历史，是广州现存最古老的书院之一。书院又称萝峰寺，坐落于广州市黄埔区萝岗街道萝峰山。

萝岗又名萝岗洞，洞即垌，盆地之意。自秦到民国初年，萝岗都是番禺县管辖的偏僻之地。据清代光绪年间本土学者钟凤鸣所著《萝峰纪略》记载，“萝峰，即萝岗洞之最深处”“其地田狭山多，居民种果为业”。

· 玉岩书院

· 书院门匾

种德庵创建人钟遂和曾祖是北宋大将钟轼。北宋开宝三年（970），宋太祖命潭州防御使潘美征讨南汉，潘美女婿钟轼为先锋出征。经过一年多的恶战，平定了南汉，钟轼因战功官升二品。此后，为防南汉死灰复燃，潘美命钟轼留守广州，后与其妻潘三姐定居番禺慕德里司马村堡龙腾里（今广州从化太平镇屈洞村）。

钟轼曾孙钟遂和自少聪颖，喜经商，后弃商从政，官至南昌府经历，绩满辞任回家，几年后受邀复出为官，转任浙东廉访司经历，后升户部司判宣议郎。南宋绍兴七年（1137），钟遂和迁居花县赤坭（今广州花都），后见地僻人稀难以发展，便于隆兴元年（1163）迁居番禺萝岗坑村永保里，成为萝岗钟姓始祖。

· 书院正门

· 萝峰门

钟遂和年迈告老归田后，择地于萝峰建种德庵为书斋，延师课子及教育乡邻孺子，其四子钟启初（字圣德，号玉岩）与后来官至右丞相的崔与之青少年时在此读书。南宋开禧元年（1205），钟玉岩中进士，官至参议中书省兼知政事、朝议大夫。嘉定十二年（1219）钟玉岩告老还乡，将旧日读书处种德庵扩建为萝坑精舍，供族中弟子读书，乡中读书之风日渐兴盛。其间，崔与之辞官归里，家居增城，与钟玉岩居所相距10余里，两人时常往来，并在萝坑精舍讲学。

• 种德庵

钟玉岩去世后，其子钟仕绅为纪念父亲的德行遗容，塑玉岩像于此，并将萝坑精舍正式更名为玉岩书院，要求后代经常修葺书院。元代，钟玉岩曾孙钟复昌不愿为元朝效力，弃官归里，回乡后辟石修建了东亭（又称山高水长亭）和招隐亭，重新装饰了玉岩像，并在玉岩书院筹建诗社。钟复昌次子钟肅之妻徐氏娘家崇奉神灵，家里有观音、天尊、文昌三幅画像，分别给三个女儿做嫁妆，徐氏分得的是九天应元雷声普化天尊画像，为了供奉画像，钟氏族人在玉岩书院东侧修建天尊堂，相传画像送到广州城装裱时，装裱铺周围失火，天尊显灵保护了装裱铺。不久，钟氏族人又在天尊堂后面修建了观音殿，供奉观音菩萨。至此，玉岩书院内供奉有孔子、观音和天尊，形成儒、释、道三教并存的局面。

· 书院外景

· 萝坑精舍牌匾

明代中后期，朝廷曾四次禁毁书院。为了保护玉岩书院不受摧毁，钟氏族人请来僧人管理书院，并对外更名为萝峰寺。在原书院的东侧建起了大雄宝殿及侧殿，其间一墙相隔、一门相通，寺庙和书院合二为 。自此至20世纪50年代初，玉岩书院一直由僧人管理。

· 书院山墙

· 天尊堂内景

· 书院余庆楼灰塑博古脊

清初，玉岩书院建筑布局基本完成，后再无大规模的扩建。清光绪二十五年（1899），钟锡庚召集族人募集资金对玉岩书院进行大规模重修，今天所存建筑多为当时重修后的成果，为典型的清代风格。

2013年，政府组织专业机构对玉岩书院建筑群进行了大规模的抢救性修缮，2018年修缮工程告竣，整座书院重新焕发生机。

三教并存　组桓名山

玉岩书院占地面积1348平方米，是一组富有岭南地域文化特色的建筑群。书院依山傍谷，一字排开，上下两进，横向分东、中、西三座，结构紧凑，设计精巧。余庆楼、玉岩堂、萝坑精舍，与天尊堂、观音殿、韦驮香座等檐廊相接，幽静清雅。书院右前方大路上有一座“入胜”牌坊，过该牌坊即渐入林木葱茏的佳境。余庆楼巍然屹立在山坡上，门前石阶数十级，台基高峻，雄伟壮观。东西两翼有“种德”“萝峰”二门相对。正中高，两翼低，主次分明。入门正中为观鱼池，三面以廊式楼围抱，后与玉岩堂相连。

· “入胜”牌坊

· 余庆楼内景

余庆楼布局独特，重檐歇山顶，碌筒瓦面，面阔五间计16.7米，深一间计3.8米，五架通檐用两条柱，柱外施插栱。门上“玉岩书院”木匾署嘉靖年款。玉岩堂建在与余庆楼二层等高的台基上，面阔三间计15.2米，深三间计8.7米，十三架六柱加后墙承重。前廊卷棚上两檩雕有如意形等木雕承托。石檐柱有隶书对联“满壁石栏浮瑞霭　一池溪水漾澄鲜”。

· 余庆楼灰塑博古脊

八僊耍樂

· 观音殿内景

余庆楼东侧为天尊殿，天尊殿后方为观音殿，天尊殿之东为萝坑精舍（又称东厅）。余庆楼西面是种德庵（又称西斋）。天尊堂、观音殿、萝坑精舍等殿堂均为硬山顶、大木小式结构，面阔进深各三间，十三架六柱加后墙承重。各处墙脚、柱础和地面多已换成花岗石，装修古朴。整座建筑基本保持清代中晚期重修式样。

书院总体布局巧妙且富有变化。具有祠堂功能的玉岩堂、余庆楼和具有寺庙功能的观音殿、天尊堂分别按照传统对称方法沿中轴线对称布局，庄严肃穆。作为书院功能的其他部分建筑不受传统对称手法局限，因山势而高低错落，横向铺开，并以深邃曲折的回廊连贯全体，颇有韵味。

· 书院内的清代家具

· 书院东厅天井影壁

在书院的主体建筑中，玉岩堂与观音殿处于最高位置。钟玉岩是族人崇拜的先祖，而观音菩萨则是至高无上的神灵，这两处建筑的设计颇具匠心。古人按照“左为上、右为下”的理念将观音殿建于玉岩堂左边，并把观音殿的后墙突出于玉岩堂后墙，观音殿地面稍高于玉岩堂地面，以示观音地位高于祖先地位。而在室内面积、正脊高度上，玉岩堂又比观音殿稍大、稍高，室内天然光照度比观音殿强，以示先祖在钟氏族人心目中的高大形象。

• 书院大门

东亭、文昌庙、招隐亭、金花庙、候仙亭等附属建筑分散于主体建筑的东侧山坡，因山势整体高于主体建筑，除了文昌庙、金花庙布局相对严谨外，东亭、招隐亭、候仙亭则是依景而设，通过泉水与催诗岩、玉屏石、漱玉石、跳波石、流觞石等串联起来，形成听泉观景的园林风光。

· 招隐亭

· 玉岩堂内的钟玉岩塑像

萝岗地处亚热带季风气候地区，夏季漫长，炎热多雨，为了减少强光照射和风雨侵袭，书院各个相对独立的部分紧密地联系在一起，共用一些结构和空间，如小院或天井。同时因多种功能需求，建筑物又采用分隔型的多个房间组合，被分隔的房间则使用巷或廊进行连接，便于通行。玉岩书院共有大小厅堂、厢房近20间，分别以3个庭园、9个天井分隔，以13处廊道相连，明暗相间，互相连通。

· 书院内的檐口灰塑

· 东厅走廊内的洗心池

玉岩书院收藏的历代名人墨迹和字碑甚多，有朱熹的题字、韩愈的横匾、署名文山的七绝四首、海瑞的对联、郑板桥的四季竹、张之洞的诗篇等，还有劳肇光题书院门联“琴书世泽　俎桓名山”、明代衡阳王题匾“余庆”、湛若水题匾“山高水长”等，文学气氛浓厚。

· 候仙亭

书院所在的萝峰山一带树木葱茏，清香满堂，山泉清冽，建筑与自然和谐共生，自明代以来就成为文人墨客探幽寻古、赏梅吟诗的胜地。

随着历代重修和扩建，玉岩书院在历史上还形成了“山楼夜月”“东亭观梅”“玉屏春望”“漱玉听泉”萝峰四景和“眺波飞瀑”等景观。整座建筑由书院、祠堂、寺庙、牌坊、庭园、连廊组合而成，成为融“儒、释、道”三教于一体的独特文化建筑，为岭南建筑之瑰宝。建筑文化内涵深厚，充满着光宗耀祖、知书达理、仁义孝道等教化精神。

· 山高水长亭内景

• 眺波飞瀑

楼堂七檐　文运昌盛

余庆楼与玉岩堂之间的天井由四周屋檐以“七檐滴水”形制构成。七条屋檐，包括玉岩堂一条屋檐，余庆楼的三边上下各两条屋檐。“七檐滴水”是指下雨时雨水通过七个屋檐滴向地面的龟蛇池。在宋代，建筑群落的形制按照不同的官职身份有不同的规定，据说只有皇家建筑可以按照“八檐滴水”的规格建造，其他任何人不得僭越。“七檐滴水”形制的建筑代表着主人有着非常高的地位。

・七檐滴水

· 余庆楼与玉岩堂之间的天井

钟玉岩于南宋宝庆元年（1225）去世。为了表彰钟玉岩的品行，宋理宗特派丞相前来主持葬礼，并颁布圣旨对钟玉岩及其夫人进行褒奖。因钟玉岩曾对三太子有过救命之恩，故三太子也获准与丞相一同前往。因为有皇帝的重视和三太子、丞相的参加，钟玉岩的葬礼非常隆重。

· 金花庙外景

·金花庙外墙上的莲藕灰塑

葬礼结束后，三太子命人以仿皇宫“八檐滴水”的规格重建萝坑精舍。为了不僭越礼制，又能表示对钟玉岩的感激之情，三太子要求建成“七檐滴水”形制。玉岩堂为主建筑，要建得高大雄伟，用一檐；余庆楼作为附楼，要低于玉岩堂，但要用重檐结构。如此一来，玉岩书院既不夺皇家气势，又能体现皇恩浩荡和钟玉岩在三太子心目中的地位。玉岩书院“七檐滴水”形制一直沿用至今，成为萝岗钟氏一族的骄傲。

· 文昌庙与云路牌坊

· 书院外景

· 文昌庙

书院内有一座文昌庙，据传与湛若水有着直接的关系。湛若水（1466—1560），字元明，号甘泉，广东增城人，明代哲学家、教育家、书法家。明弘治十八年（1505）赐进士出身，选庶吉士，擢编修。后历任南京礼部、吏部、兵部尚书，是著名的儒学家和理学家。

湛若水不仅是儒学大师，还精通风水。有一年冬天，湛若水前来萝岗赏梅并游览玉岩书院，他看到书院所在的位置风水绝佳，葬在此处必能福荫子孙，便想在此购置一块地作为自己未来的墓地。恰好玉岩书院左侧有一块空地，湛若水就向钟氏族人提出购地要求。此地为钟氏族人祖传宝地，哪能随意卖掉，况且书院内还供奉着祖先钟玉岩。可碍于湛若水的权势和影响，钟氏族人进退两难。

• 文昌庙前的石牌坊

经过多次商议，钟氏族人决定在空地上建一座文昌庙，供奉文昌帝。湛若水也是读书人，信仰文昌帝，定不会与文昌帝争夺风水宝地。商定之后，钟氏族人便告诉湛若水，此地块已准备修建文昌庙。湛若水听后，心知这是钟氏族人有意推辞，但又不能公然抢占文昌庙的用地，便顺水推舟声言放弃。湛若水离去后，钟氏族人知道他还会回来，便抓紧时间在空地上建了一座文昌庙，恭恭敬敬地供奉着文昌帝。

· 文昌庙前的石牌坊

· 山高水长亭

湛若水知道此事后，不仅没有责怪钟氏族人，反而为文昌庙旁的东亭题写了“山高水长”四字，以此鼓励钟氏族人多读书，兴文风。此后，人们也称该亭为山高水长亭。萝岗地区的文运更盛，钟氏人才辈出，多人考取了功名。

人文荟萃　翰墨生辉

玉岩书院文物荟萃，独具魅力。历代匾额、书刻和名人题咏甚多，它们是书院悠久历史的见证，共同营造出书院浓郁的文化氛围。据统计，玉岩书院内共有各类碑刻牌匾60余件（套），内容丰富，形式多样，其中对联34副，石刻13处，木刻牌匾13套。这些碑刻牌匾根据书院、祠堂、寺庙的不同功能，分为彰志抒情类、祈愿颂德类、赞景记事类等。其中，祭祀祖先和神仙的祈愿颂德类碑刻牌匾多为民国后普通善男信女赠送，内容简单，价值较低。而彰志抒情类、赞景记事类碑刻牌匾多为文物，很多出自名家之手，涵盖唐、宋、元、明、清等多个朝代，虽有些是拓本制作，但均具有较高的历史价值和文化价值。

在书院大门上，悬挂着“玉岩书院”横匾。横匾红底黑边金字，书于明嘉靖十一年（1532）。大门两侧悬挂着“琴书世泽　俎桓名山”木刻对联，为清光绪二十五年（1899）重修时劳肇光所书。对联红底金字，隶书字体。劳肇光，字少芗，广东鹤山人，光绪十五年（1889）进士，翰林，曾任广西副考官、安徽庐州知府。

· 书院正门的木刻对联

·“余庆”牌匾（克勤郡王书）

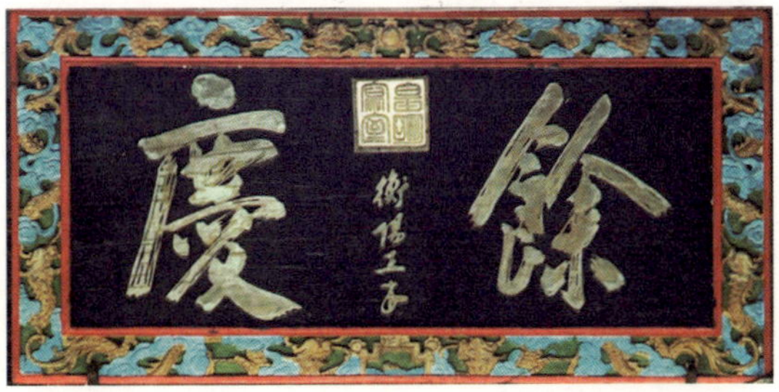

·“余庆”牌匾（衡阳王书）

·“人间妙境”牌匾

余庆楼前檐下的“余庆”牌匾位于“玉岩书院”横匾正上方，黑底蓝边金字，中刻“余庆”二字，两字中间刻“衡阳王书”字样，为明代衡阳王所题。楼内还有一块“余庆”牌匾，为清代克勤郡王晋祺书。据载，克勤郡王为清代八大铁帽子王之一，清光绪二十五年（1899）的克勤郡王为爱新觉罗·晋祺（1846—1900），咸丰十一年（1861）袭郡王，同治十一年（1872）进正六班，光绪帝大婚时赏加亲王衔。玉岩堂金柱上的“蓬岛云林万本梅花千古色　萝峰泉石百丛草木四时春”木刻对联和东厅西廊下的“人间妙境”牌匾亦为克勤郡王书。余庆楼内除两块“余庆”牌匾外，还有明代名臣、教育家王弘诲题写的对联“松篁影蘸雩堂月　苹藻香生古涧风”，清代邑庠钟锡庚于光绪十八年（1892）题写的对联“风催北徙开鹏路　春暖南熏跃凤池”。

玉岩书院正门的左右两侧有两个侧门，有清乾隆年间（1736—1795）翰林冯成修书写的“种德”和清末金石学家、书画家符翕所写的“萝峰”两块石刻门额。书院正面西侧门口挂有清光绪二十五年重修时符翕书写的对联“涧水流年月　山云无古今”；书院正面东侧门口挂有清末书法家苏若瑚于光绪二十五年书写的对联“萝藤诘屈路如篆　峰峦罨画山欲春”。

·“忠”“孝”“廉”“节”牌匾

玉岩堂内的对联牌匾较多，部分具有较高的价值。“忠”“孝”“廉”“节”牌匾挂于玉岩堂东西两侧，由四块木匾组成，每匾刻一字，楷书字体，黑底金字，落款位于“节”字左下方，为“朱熹”二字和两方印章。朱熹（1130—1200），南宋书法家、教育家、思想家，他继承了北宋程颢、程颐的理学，完成了客观唯心主义的体系，是宋朝理学的集大成者。“忠”“孝”“廉”“节”四字深刻体现了朱熹的理学思想，充分反映了程朱理学对后世的深远影响。玉岩书院东厅墙上还挂有朱熹诗作名句，原为一对，下联已失，仅剩上联“故作轩窗挹苍翠”。

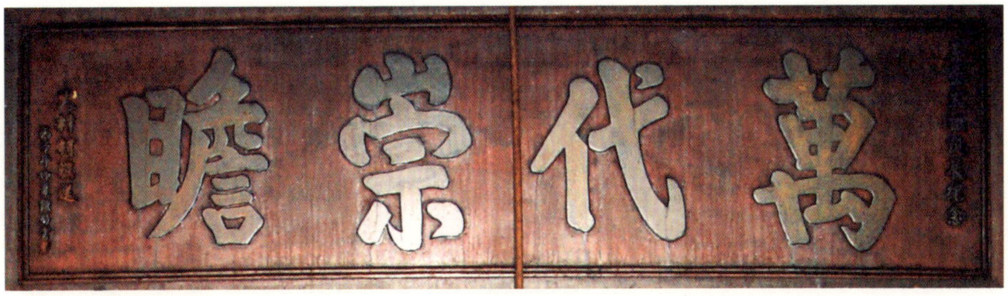

· “万代崇瞻”牌匾

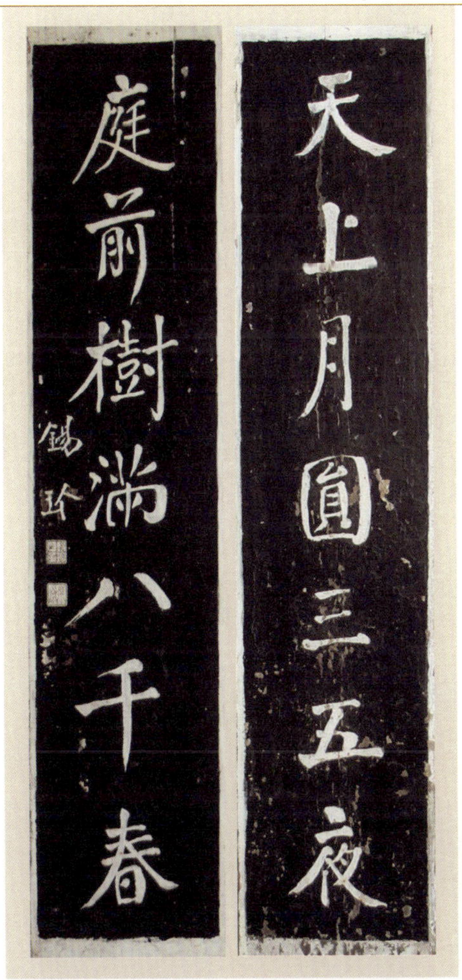

· “天上月圆三五夜　庭前树满八千春”对联

玉岩堂玉岩像上方“万代崇瞻”牌匾，为明朝大学士方献夫于明正德十一年（1516）所题。上款“玉岩太祖诞辰纪念”，下款“火村村敬送”。堂西侧后金柱梁下“弘远流光”牌匾，上款“纪念钟玉岩太祖八百四十周年”，下款“东洲村敬贺”“丙子年仲夏”。

玉岩书院西侧种德庵内有一副清末名臣、吏部尚书额尔德特·锡珍题写的对联“天上月圆三五夜　庭前树满八千春”，墨绿底白字，楷书字体。而天尊殿内则保留了一副清代著名教育家、诗人张维屏的“行云流水见真性　明月清风来故人”对联，米黄底墨绿色字，行书字体。张维屏（1780—1859），字子树，号南山，在清嘉庆、道光年间以诗著称，曾作长诗等讴歌抗英，是爱国诗人，与黄培芳、谭敬昭合称“粤东三子”。天尊殿东侧门口处一木刻对联为“民乐遂生千万户　我来将历百重山”，红底金字，篆书字体，为吴县（今苏州）吴大澄书。吴大澄（1835—1902），字止敬，号恒轩，清代学者、金石学家、书画家，清同治七年（1868）进士，善画山水、花卉，精于篆书。

·“上方香国”匾额

在连接天尊堂与观音殿的通廊内，有清代理学家冯经在清光绪四年（1878）冬季来萝峰赏梅时所书匾额，匾额右侧为“上方香国”楷体四字，左边则用小字记述了前来赏梅题匾的经过。观音殿东侧下首园门口有清道光八年（1828）萝岗本地举人钟光斗题写的“丹荔黄梅供岁荐　高山流水仰宗风”对联，橙黄底黑字，行书字体。

东厅保存的碑刻牌匾最多，也很珍贵。东厅门额为广东晚清举人石德芬所书的“萝坑精舍”木匾，匾上另刻小字记载了作者为玉岩书院重修竣工题匾的缘由：萝坑精舍乃远祖玉岩公读书处，后广为书院，兹重修告竣，拟仍旧名颜于东斋，以志不忘云。门两侧是清末著名学者伍学藻的“楼台四壁烟云合　草木一溪文字香”对联，书于清光绪二十五年（1899）书院重修时。

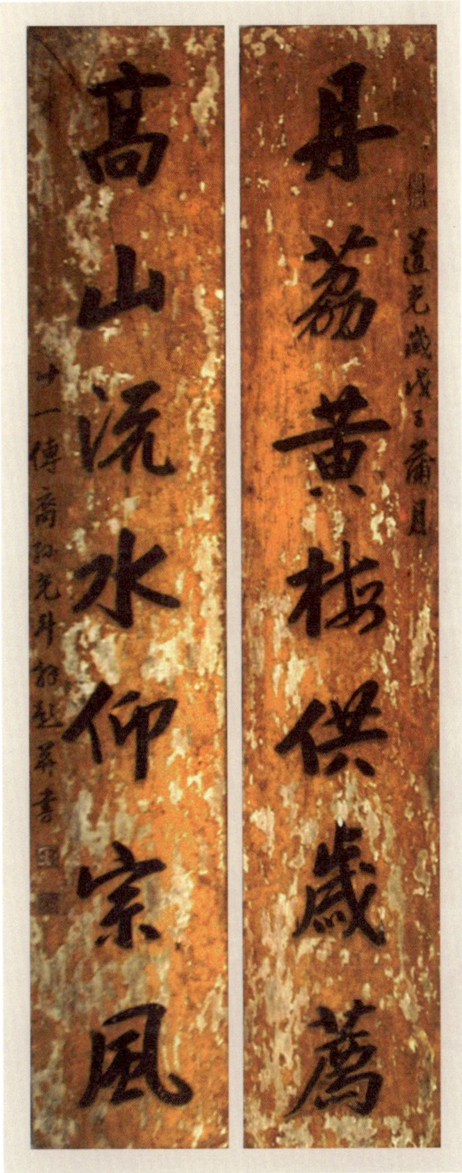

•"丹荔黄梅供岁荐　高山流水仰宗风"对联

东厅内最早的牌匾为唐代韩愈的"鸢飞鱼跃"，落款为"退之"，现悬挂于东厅东园门上。韩愈（768—824），字退之，唐代杰出的文学家、思想家、哲学家，为唐宋八大家之首，与柳宗元并称"韩柳"，有"文章巨公"和"百代文宗"之名。据传，"鸢飞鱼跃"为韩愈任广东阳山县令时所书，源于《诗经·大雅·旱麓》中的诗句"鸢飞戾天，鱼跃于渊"，形容万物各得其所。东厅"鸢飞鱼跃"牌匾为拓印复刻而来，行草反转字体，黑底白字，字体遒劲庄重，神形皆备。

•"鸢飞鱼跃"牌匾

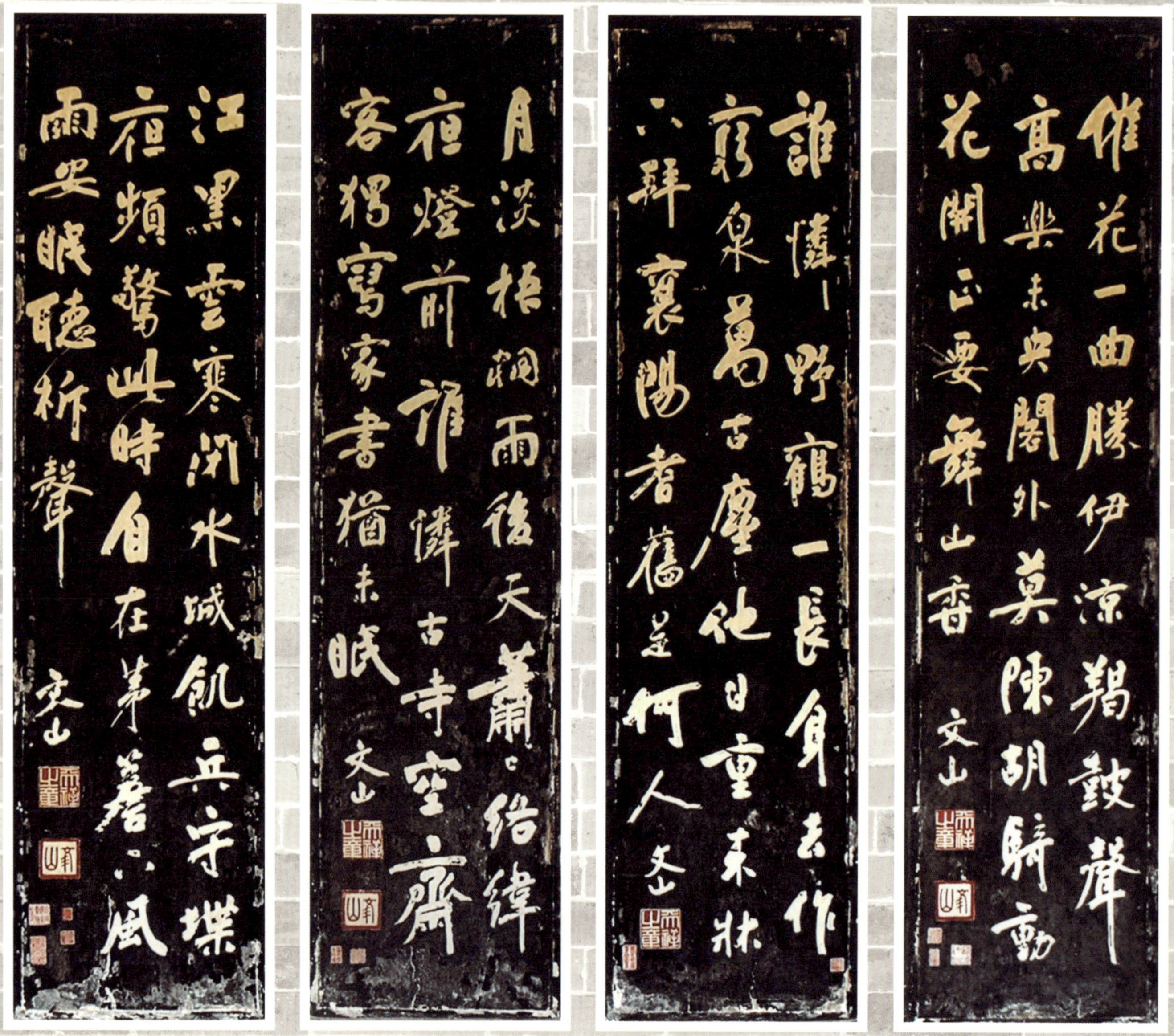
江黑雲寒閉水城飢兵守堞夜頻驚此時自在茅簷下風雨安眠聽柝聲 文山
月淡梧桐雨後天蕭蕭络纬夜燈前誰憐古寺空齋客獨寫家書猶未眠 文山
誰憐野鶴一長身去作窮泉萬古塵他日重來牀下拜襄陽耆舊是何人 文山
催花一曲勝伊涼羯鼓聲高樂未央閣外莫陳胡騎動花開正要舞山香 文山

· 文天祥诗刻四首

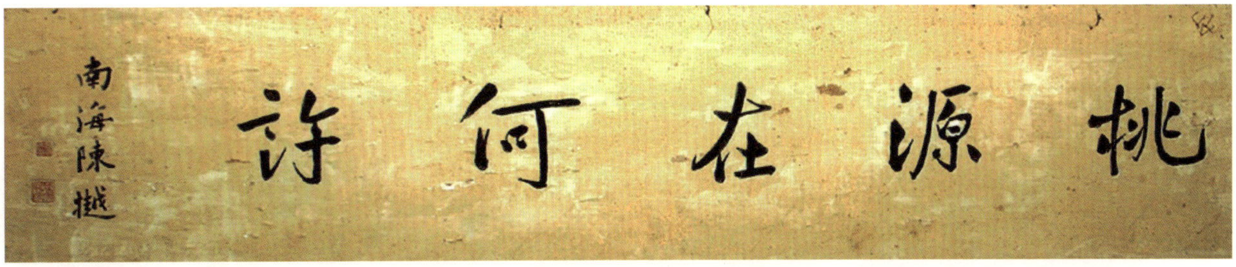

·“桃源在何许”牌匾

东厅内的木匾为文天祥《幕府杂诗》，共刻四屏，黑底金字，行楷字体。第一屏诗：“催花一曲胜伊凉，羯鼓声高乐未央。阁外莫陈胡骑动，花开正要舞山香。”第二屏诗：“谁怜野鹤一长身，去作穷泉万古尘。他日重来床下拜，襄阳耆旧是何人。”第三屏诗：“月淡梧桐雨后天，萧萧络纬夜灯前。谁怜古寺空斋客，独写家书犹未眠。”第四屏诗：“江黑云寒闭水城，饥兵守堞夜频惊。此时自在茅檐下，风雨安眠听柝声。”各诗下款均刻“文山”二字。文天祥（1236—1283），字履善，号文山，江西庐陵人。南宋名臣，文学家，抗元名将。著有名篇《正气歌》《过零丁洋》等。《幕府杂诗》四首是文天祥晚年督军岭南时的作品，风格慷慨激昂、苍凉悲壮，具有强烈的感染力，反映了他坚贞的民族气节和顽强的斗争精神。

与文天祥的《幕府杂诗》并排挂着的还有明代著名清官海瑞的木刻对联“石磴泉飞山欲静　洞门云掩昼多阴”，对联生动地反映了玉岩书院的清幽环境。海瑞（1514—1587），字汝贤，号刚峰，海南琼山（今海口市）人。海瑞为官期间，力主严惩贪官污吏，禁止徇私受贿，并推行一条鞭法，强令贪官污吏退田还民，有“海青天”之誉。

东厅还有一副清末学者陈澧于同治十一年（1872）题书的“行己有耻　博学于文”木刻对联，浅蓝底白字，小篆字体，明末清初大儒顾炎武视其为修身研学名句。该名句现已成为广州市玉岩中学的校训，体现了古今文脉的传承。清代著名书法家鲁淇光的四幅字匾同样挂于东厅，匾上的文字主要是评价五代后梁画家关仝的画技，另外还有清代画家郑板桥四季竹木刻画四幅、民国时期番禺县县长陈樾所书“桃源在何许”横匾一块。

·郑板桥四季竹木刻画

古琴形状的木刻对联“读书时有珠船获 论古还将玉麈挥”，位于东厅下首门口，独特别致，为朱次琦所书。朱次琦（1807—1881），字稚圭，号子襄，广东南海人。曾讲学于九江礼山草堂，康有为、简朝亮都是他的弟子，世称“九江先生”。他的书法多力丰筋，但不肯为人作字，世所流传多属尺牍稿本日记等，虽随意挥毫，已极雄厚苍秀。

山高水长亭内的匾额上书“山高水长”四字，原匾为明代大学者湛若水亲题，但已遗失，现存匾额为湛若水十四世孙湛宴于明嘉靖二十三年（1544）重书。亭内还有清末名臣张之洞任职广东时游萝峰所作的诗篇，赞美了萝岗香雪美景和深厚的文化底蕴，诗为符翕记录，梁云渠刻石。张之洞（1837—1909），字孝达，号香涛、香岩，晚年自号抱冰，河北南皮人。历任两广总督、湖广总督、两江总督、军机大臣等职，与曾国藩、李鸿章、左宗棠并称晚清“四大名臣”。亭前有“山高连天近　水长入海深”木刻对联，原有对联“出山云开仙窟宅　听泉人倚玉乾坤”，现已失。

• 东厅内木刻对联

· 东厅内的木刻牌匾

此外，玉岩书院内还有一些珍贵的摩崖石刻，如文昌庙旁西侧红棉树下大石上的“玉屏”石刻、山高水长亭前三品石上的“漱玉”石刻，均为清代所刻。

· 书院东厅走廊

张之洞诗碑

竹马之交　情深意长

· 崔与之画像

钟玉岩与崔与之的千古情谊佳话虽历经数百年，至今仍在萝岗一带流传。历代的《番禺县志》和《萝岗钟氏族谱》都详细记载了他们二人的动人故事。

南宋孝宗隆兴元年（1163），钟遂和辞官回萝峰建造种德庵供乡中家贫子弟读书。钟遂和与崔与之的父亲崔世明向来交好，便让9岁的崔与之前来种德庵读书，并且在自己家中免费吃住。崔与之与钟玉岩两人年纪相仿，学习和生活都在一起，亲如兄弟。

因有这段少年经历，崔与之对钟家感恩戴德。四十多年后，在为钟遂和补写墓志铭时，崔与之深情地追忆：日惟延师教子及里中子弟之贫无资脯者。虽不才，如与之亦曾陪玉岩兄朝夕切磋，而公与太君视与之犹子，提携曲至，督课准严。所恨者，与之及四兄后膺显秩，公与太君，未及见尔！

· 崔与之雕像

· 钟玉岩画像

聪慧过人、胸怀大志的崔与之在钟遂和的精心培养下，27岁就成为当地很有学问的秀才。钟遂和逝世后，崔与之继续随钟玉岩在萝峰勤学苦读，不久便高中举人。崔与之和钟玉岩在种德庵一同度过24年的同窗岁月，结下了深厚的友谊。

崔与之33岁赴临安（今杭州）入太学读书，36岁高中进士，成为岭南士子由太学考取科举的第一人。而钟玉岩则是大器晚成，50岁时才中进士，累官至参议中书省兼知政事、朝议大夫。二人为官均政绩卓著、官声清廉。各自在外为官期间，经常书信往来。每逢两人同时回乡探亲，都要在萝峰相聚，重温青少年读书时的欢乐往事。

南宋嘉定十四年（1221），崔与之在任四川制置使时，有家人从增城前往成都探望。崔与之从家人口中得知钟遂和夫妇的坟墓遭水蚁严重破坏，便将三处靠近萝岗的风水宝地赠与钟玉岩以做钟遂和夫妇墓地。在写给钟玉岩的书信中，崔与之说：余惟世伯昔曾卵翼与之，训诲与之，恩同父子，是兄考即弟考也。兄皇皇而营葬，求而弗得，弟心何安。窃愿于前留余诸穴，择其颇近兄乡里者，凡三处：曰郁洞、曰姜田、曰黄洞岭并送以兄，永为茔域，一从酬昔年训诲之恩，一从绵子孙世好之谊。兄倘如意，此札即为送帖。弟异日解绶方旋，悉将税户交割与兄，永为兄业。

写这封信时崔与之已经66岁，离开萝峰已有33年了。

· 钟玉岩墓前石狮

· 钟玉岩墓碑

南宋宝庆元年（1225），崔与之从四川辞官回乡途中接到钟玉岩儿子钟仕绅的书信，得知钟玉岩逝世。悲痛万分的崔与之快马加鞭赶回萝峰，为钟玉岩处理后事，并为钟玉岩撰写了墓志铭。此后，崔与之经常帮助钟仕绅及其家人，直到他1239年逝世。临终前，他将钟、崔两家几十年的情谊详细告诉了自己和钟玉岩的后人，嘱咐两家子孙永世交好，亲如一家。

700多年来，钟、崔两族后人一直牢记祖先教诲，世代交好。2017年农历五月二十日，萝岗钟氏族人恢复了中断60年的“玉岩诞”，崔氏后人代表特意赶赴现场祭拜钟玉岩。钟玉岩与崔与之的千年情谊延及后世，一直传颂至今。

· 钟玉岩墓

黄埔古建筑

HUANGPU GUJIANZHU

宗祠流芳

ZONGCI LIUFANG

钟氏二宗祠 ZHONGSHI ERZONGCI
润峰祖祠 RUNFENG ZUCI
圣裔宗祠 SHENGYI ZONGCI
三山朱公祠 SANSHAN ZHUGONGCI
三捷何公祠 SANJIE HEGONGCI
时四陈公祠 SHISI CHENGONGCI

钟氏二宗祠

钟氏二宗祠位于萝岗街塘头北社街11号，始建于明代，清嘉庆十三年（1808）重修。祠内供奉塘头村钟姓始祖钟元德。钟元德，讳亮，为萝岗钟氏七世祖。

萝岗钟氏历史悠久，源远流长，其家族人口众多，散居于萝岗街30多个自然村中。据《萝岗钟氏族谱》记载，萝岗钟氏始迁之祖为北宋名将广东防御使钟轼的曾孙钟遂和。钟遂和于南宋隆兴元年（1163）到萝岗坑村永保里定居，成为萝岗钟姓始祖。时至今日，钟姓仍然是萝岗街道第一大姓，无论是钟轼的战功和为官品行，还是钟遂和的学识和气节操守，都为钟姓子弟所乐道。

• 头门灰塑博古脊

· 后堂灰塑博古脊（局部）

· 头门左山墙灰塑

萝岗钟氏到第七世时已派分为八房，枝叶繁茂。到明代，钟元德之子钟税福官至江宁游击，因有功于国，被朝廷封为“昭勇将军”。同时，朝廷还诰封其父钟元德、封赠其祖父钟国贞为“昭勇将军”。因钟元德在同辈中排行第二，故该祠被称为“二宗祠”。

钟氏二宗祠坐南向北。面阔三间计12.4米，深两进计33.6米，占地面积400多平方米。人字封火山墙，龙船脊，雕花封檐板，青砖石脚墙。

· 头门右山墙灰塑

·清代“源远堂”牌匾

头门面阔三间，深两间。前廊檐口有条柱、虾公梁和驼峰斗拱梁架，人物、花鸟图案雕刻精美。木夹高矮门，现已改用红砖封堵正面。后檐二条石柱承重。上下进中间有一天井，无两廊，花岗岩石砌地面。

后堂面阔三间，深三间。檐口前出月台，用石雕栏板保护。石栏板雕工精细，龙凤花草图案惟妙惟肖。檐口二条石柱，中间为金柱梁架，后金柱中间挂一块木匾，上书“源远堂”三字。

宗祠曾有多块牌匾、石碑，20世纪60年代被毁。现存的“源远堂”牌匾为清嘉庆十三年（1808）重修时所制。1949年后祠堂曾是塘头小学校舍，20世纪90年代末塘头小学迁出。近年来，祠堂由塘头钟氏族人集资修缮。

·后堂

• 头门前封檐板

• 头门

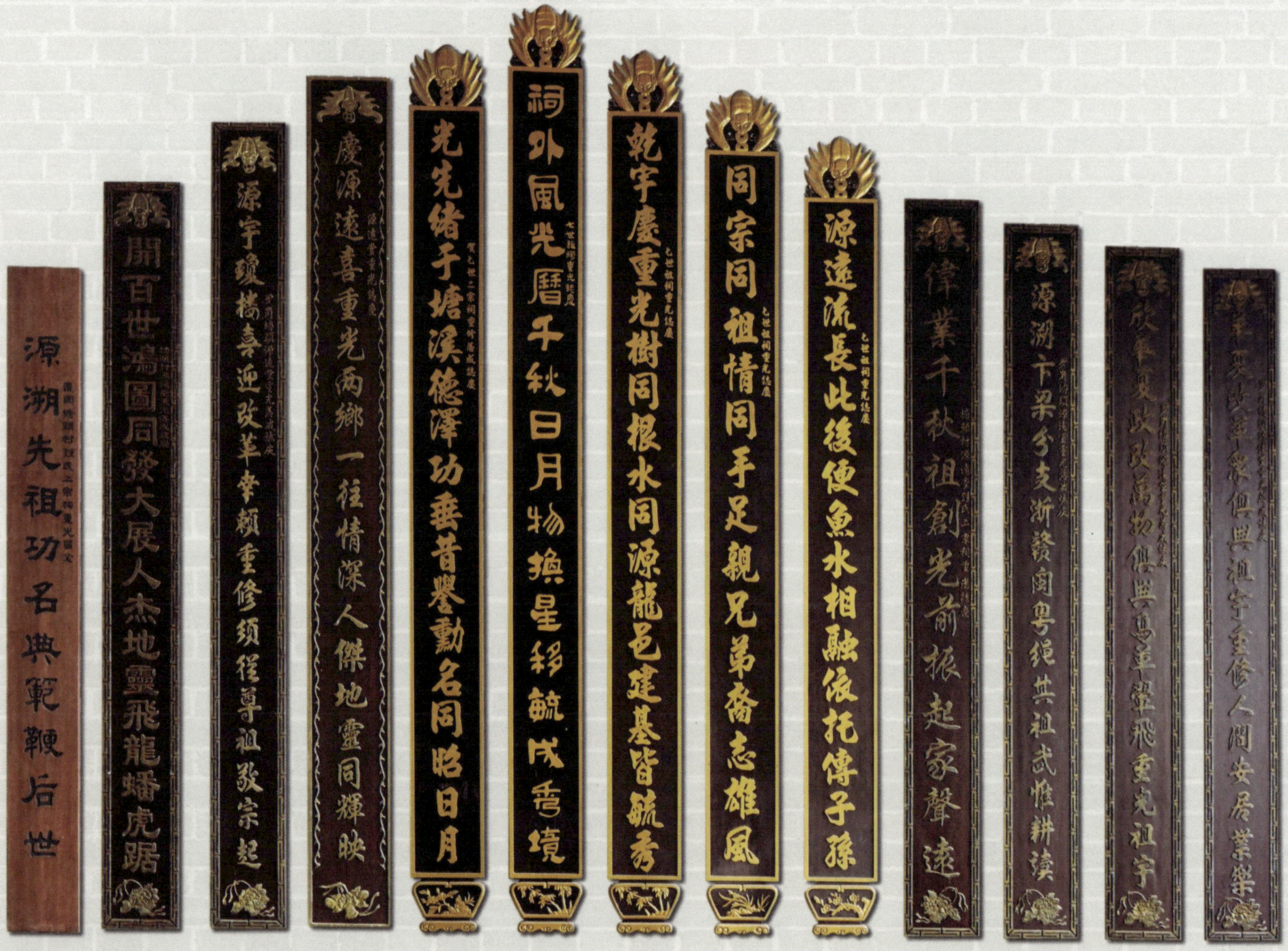
源湖先祖功名典範鞭后世
開百世鴻圖同發大展人杰地靈飛龍蟠虎踞
慶源遠喜重光兩鄉一往情深人傑地靈同輝映
光先緒于塘溪德澤功垂昔譽勳名同昭日月
祠外風光曆千秋日月物換星移毓成秀境
乾宇慶重光樹同根水同源龍邑建基皆毓秀
同宗同祖情同手足親兄弟奮志雄風
源遠流長此後便魚水相融依托傳子孫
偉業千秋祖創光前振起家聲遠

• 后堂木刻楹联

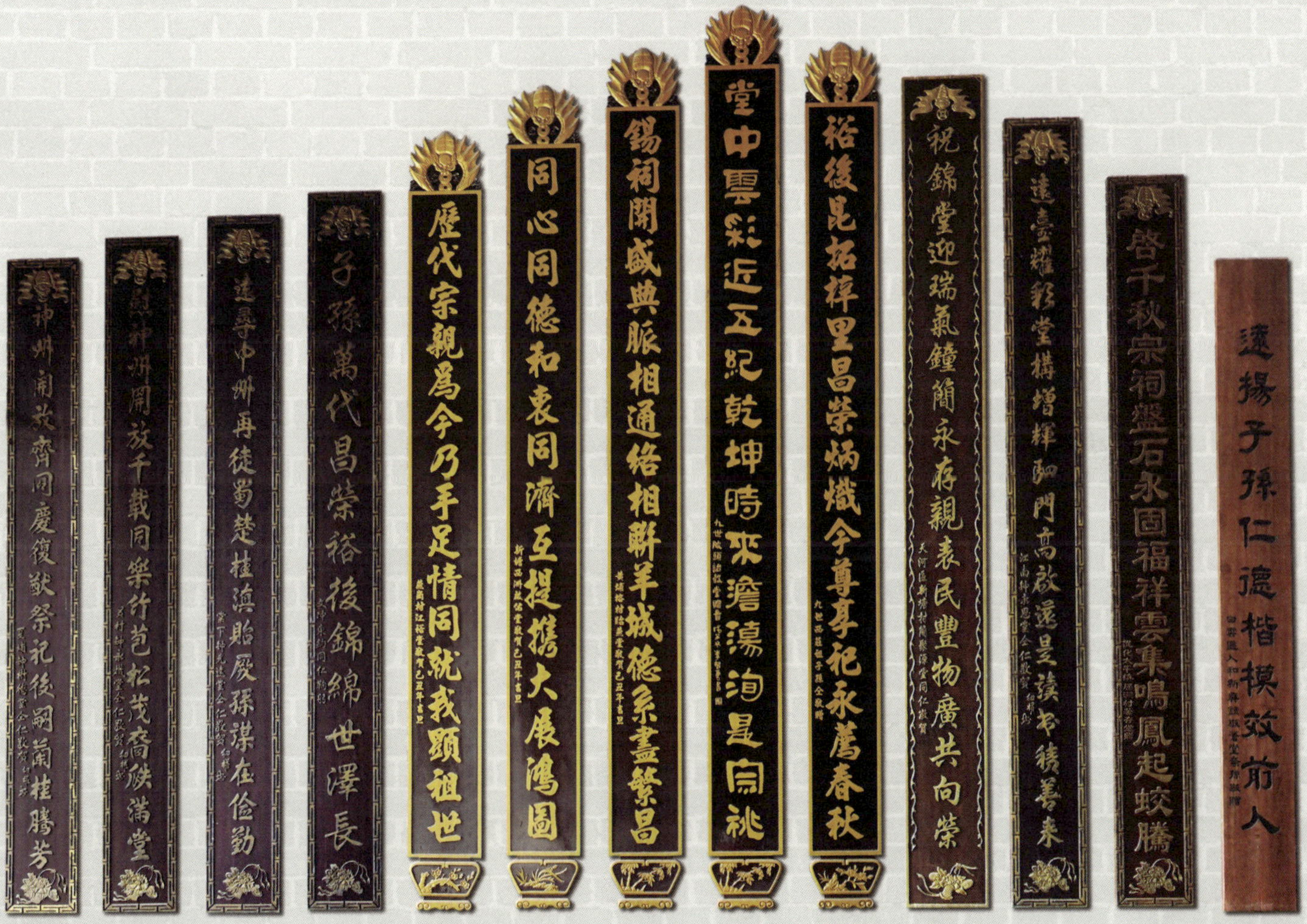
神州開放齊同慶復敬祭祀後嗣蘭桂騰芳
神州開放千載同樂竹苞松茂裔族滿堂
遠尋中州再徙蜀楚桂滇貽厥孫謀在儉勤
子孫萬代昌榮裕後錦綿世澤長
歷代宗親爲今乃手足情同就我顯祖世
同心同德和衷同濟互提攜大展鴻圖
錫祠開盛典脈相通絡相聯羊城德系盡繁昌
堂中雲彩近五紀乾坤晴來澹蕩洵是宗祧
裕後昆拓祥里昌榮炳熾今尊享祀永薦春秋
祝錦堂迎瑞氣鍾簡永存親表民豐物廣共向榮
遠臺耀彩堂構增輝迴門高啟還是讀書積善來
啓千秋宗祠盤石永固福祥雲集鳴鳳起蛟騰
遠揚子孫仁德楷模效前人

• 后堂木刻楹联

· 二进右侧院墙

昭勇将军元朝称“大将军”，明朝为正三品武官。明朝封赠制度规定，官员任职两年即可向朝廷请求封赠，并可按规定将新得封赠推恩于长辈。一品封赠可以推恩到曾祖父母；二品、三品封赠可以推恩到祖父母；四品、五品、六品、七品封赠可以推恩到父母；八品、九品官也可以请求将本身封赠“貤封父母”。其中四品到七品官可以辞本身封赠而给其祖父母。塘头村钟氏一门三将，可谓威风至极。

润峰祖祠

· 拜亭飞檐

润峰祖祠位于水西村水西大街35号，始建于清代，是水西村最具特色的祠堂。祠堂坐南向北，由头门、拜亭、后堂组成。祠堂门口两侧空地建旗杆夹石。与一般的旗杆夹石不同的是，润峰祖祠的旗杆夹属于顶上加夹的形式，表示着水西村的萝岗钟氏十九代举人钟逢庆和二十一代武举人钟镇藩的深厚功名。

润峰祖祠面阔三间，深三进计35米，占地面积472平方米。人字封火山墙，龙船脊，碌灰筒瓦，雕花封檐板，青砖石脚墙。润峰祖祠是萝岗钟氏十九世祖钟逢庆在考取功名、中举荣归后，特地为他的直系先祖十六世祖钟奇瑞建造的祠堂。钟奇瑞，号润峰，曾做过康熙四十七年（1708）戊子副榜儒学训导。

· 润峰祖祠头门

水西村始建于明弘治年间，背靠神仙山，村前有一片大池塘，村民几乎都姓钟。这里先秦时期已有人居住，明弘治年间钟氏三房九世祖钟琏（号西翠）从萝峰岗潮分居到此，为水西村钟氏开村始祖。钟琏是一位私塾先生，诰封奉直大夫，首创水西村崇尚教育、尊师重学的风气。水西村水利资源丰富，村民拦河筑坝，开圳筑渠，自流灌溉，不惧旱涝。钟氏历代以农为本，以果为业，水果收入极为可观。村民生活富裕，家中多雇有长工及女佣，体力活多由雇工代替，故有“男不趁圩，女不下厨”之说。

· 头门前廊梁架木雕

自明至清，水西村钟氏有功名者达30多人，其中有奉直大夫、御史、参将、骑尉、将军、布政司经历、千总、把总、守备、翰林院典部、内阁中书、武举等一批达官显贵。

润峰祖祠头门左右两侧为花岗岩石砌包台，檐口四条石柱，虾公梁有石雕狮子，驼峰上四层木架梁为龙形金木雕刻，莲花形斗拱，前廊梁架刻人物、花鸟。有墀头砖雕，图案精美。木夹门口设高矮门，门口两侧各有高磴石鼓衬托。大门上方挂“润峰祖祠”木匾，为赐进士出身、奉直大夫陈其锟所书，匾外两侧挑头有状元公、状元婆木雕人像。

·头门前廊梁架

中堂为拜亭，亭宽8米，深5.1米，八柱抬梁，木雕栩栩如生，巧夺天工。重檐歇山顶，檐口四条石柱，中间四条木柱。亭前后为天井，东西两廓贯通全祠，檐口各六条石柱承重，博古脊，雕花封檐板。

拜亭又称“接旨亭”。据传，钟逢庆中举赴任后，由于政绩斐然，深受皇帝赞赏，道光皇帝下旨诰封其母屈氏为孺人。皇帝圣旨送达水西村时，钟逢庆便在祖祠接旨。圣旨内文后来被后人打造成石碑，安在家族墓穴上方。为纪念皇帝加封的荣耀，钟逢庆专门在祖祠内建造了一座亭子，“接旨亭”这个名字也由此得来。接旨亭有七级台阶，代表着功名深厚。据说该亭大风吹得动，风停即复原，经历一百多年的风雨仍屹立不倒。祠堂内的拜亭在岭南地区只有两座，润峰祖祠里的拜亭保存得最好。

钟逢庆为清道光十二年（1832）举人，中举后就职翰林院典薄，钦加内阁中书，诰赠奉直大夫，是当时萝岗最有名的乡绅，凡修谱、修祠、修墓、筑桥、整路等都由他主持。钟逢庆热心家乡建设，筑桥、修路，置偿产、设义仓，调解乡民争讼，因此而受吏部嘉奖。二十一世祖钟镇藩，清咸丰年间武举人，官至顺德协左营都司。

润峰祖祠后堂面阔三间，深三间。檐口二条石柱，中间四条金柱。堂内悬挂一木牌匾，上书堂名“厚德堂”。

润峰祖祠在20世纪50年代后曾用作幼儿园、卫生站等，历经百年风雨后变得破败不堪。2010年，水西村钟氏族人开会商议重修祠堂，后终自筹资金近百万元重修一新。

· 后堂木雕花架

• 拜亭

圣裔宗祠

· 圣裔宗祠头门

· 圣裔宗祠石门额

遲岗村位于联和街道，宋代建村，因村旁有五座小山岗环抱，形似五马，村民认为“五马归槽，须待日进山岗之时”，故取名暹岗。

圣裔宗祠是暹岗孔姓祖祠，位于暹岗中街72号，始建于明，清乾隆五十七年（1792）重修。坐北朝南，硬山顶，博古纹饰脊，碌筒灰瓦，雕花封檐板，人字封火山墙，青砖石脚墙。前廊左右石砌塾台，檐口两条石柱，虾公梁上石雕吉祥如意图案，驼峰梁架。两进之间以天井两廊连接，两廊分别为四架卷棚顶。

· 后堂

· 皇思圣裔历朝优免定案碑

· 头门斗栱

引人注目的是宗祠内的一块石碑：《皇恩圣裔历朝优免定案碑记》。这块石碑刻于清雍正三年（1725）十二月十三日，被镶嵌在头门内右墙壁上。碑中记录了孔子第38代孙孔戣为岭南节度使特升礼部尚书，其曾孙孔昌弼登进士第，官拜散骑常侍郎，因唐末战乱而避祸入粤，“治家于南雄保昌县平林村”的史实。孔昌弼即孔子第41代孙，唐昭宗光化三年（900），孔昌弼遵父遗命避朱温之乱，随节度使徐彦若迁居韶州正昌（现南雄市平林村），创办孔林学院，传播中原文化，成为孔氏岭南派始祖。

北宋时期，昌弼之孙孔承休迁居广州城西彩虹桥，成为珠江三角洲孔氏始祖，孔承休后裔分居珠江三角洲等地，共有10多万人。

• 头门灰塑博古脊（后）

• 头门灰塑博古脊（前）

圣裔宗祠后堂正中有一幅孔子像，两边对联“气备四时与天地鬼神日月合其德　教垂万世继尧舜禹汤文武作之师”，横批“万世师表”。两边的墙上还挂有40幅孔子教学图画。

据孔氏族人介绍，宗祠中堂正中原挂有一块“育麟堂”的大匾，20世纪60年代被毁。近年族人重修祠堂时重新复制，悬挂于后堂。

2002年7月，圣裔宗祠被公布为广州市文物保护单位。

· 中堂匾额“育麟堂”

三山朱公祠

• 三山朱公祠头门

· 头门瓷塑瑞兽

· 后堂悬挂的朱熹画像

三山朱公祠位于东区街笔岗村中南大街43号，为笔岗村朱姓五世祖祠。

笔岗村朱氏先祖朱熹，原籍福建，宋代理学家。朱熹曾孙朱澄，字国郎，别号翔扶，生于南宋理宗宝庆元年（1225），淳祐年间乡试举人，后任江西吉安府庐陵教谕，文天祥之师。宝祐四年（1256）文天祥大魁天下，遂荐其师，由是朱澄任开封府祥符县知县，后提升临安府尹，再转升任两广盐运使司。

南宋景炎二年（1277），朱澄卒于任上，时遭战乱，灵柩不能返闽，其子崇德、崇礼遂将朱澄葬于广州东北三十里的蒲岗，随即率家人迁横沙村沙脊之首，现今福聚里定居。崇德次子朝符迁笔村，为笔村朱氏开村始祖。

三山朱公祠始建于清，嘉庆年间重修。坐南朝北，面向大街，东侧有一小院与光禄朱公祠相连，西侧为民居。面阔三间，深三进。硬山顶，人字封火山墙，琉璃瓦，博古纹式脊上镶工艺陶瓷的人物、花草、鸟兽，造型生动。

三山朱公祠头门有雕花封檐板，檐下绘画，砖雕木刻精巧，斗栱梁架美轮美奂。两侧墀头镶石雕图案，青砖石脚墙。

头门面阔三间，前廊两石砌包台。两条石柱，三层木雕梁架，虾公梁上石狮精美，石门夹，门上方石匾刻“三山朱公祠”五字。门口有木刻楹联“沛国家声振　考亭世泽长”。

・头门后廊立柱石挑头

· 后堂木刻楹联

· 头门瓷雕博古脊

· 后堂瓷雕博古脊

二〇〇四年
农历七月初一
重建

二〇〇四年
农历七月初一
重建

·中堂

中堂有屏风遮挡，西侧墙上镶一世系石碑。从世系石碑可以发现，朱朝符为朱熹第六代孙，横沙村朱崇德次子，由横沙迁居笔村。三山朱公祠则为笔村朱氏五世祖祠。

中堂前有天井无两廊。中堂面阔三间，前后八条立柱，中间挂“永思堂”牌匾。后堂前有天井和两廊，四架卷棚顶。后堂檐口有两条石柱，中间四条金柱，共六柱加后墙承重。后墙正面有一新造神楼、香案。

三山朱公祠原已破烂不堪，2003年由笔村朱氏村民和村集体共同出资按原貌重建。

· 后堂

三捷何公祠

· 三捷何公祠头门

· 三捷何公祠外景

位于联和街道八斗村老屋八旺街33号的三捷何公祠为八斗村何姓祖祠。始建于清初，嘉庆十九年（1814）、1922年重修。整座建筑坐北向南，占地面积600多平方米。祠堂分为前堂、中堂、后堂三部分，平脊，悬山顶，雕花封檐板，碌筒瓦，正面青砖石墙脚，两侧为夯土墙。

三捷何公祠供奉的是八斗村何氏开村始祖何三捷。

何姓始祖何瑊由北方迁入岭南后，子孙后代在南国开枝散叶，安居乐业。因为迁徙的路线有所不同，最终形成了众多派系。现今八斗村的这一支何氏血脉属于何氏紫金派系，其渊源可以追溯至西汉武帝时期。西汉武帝建元三年（前138），何成官拜治粟都尉，从安徽迁居陕西扶风，其后人先后迁居福建福州、广东紫金，在紫金繁衍生息，人数众多，最终形成了何氏重要的派系。

· 一进与二进间天井

清康熙年间，何氏紫金派系中的何三耳、何三捷、何三元兄弟由永安青溪白石落户增城。其中何三捷及其父母、妻儿落户到了今天的八斗村，在这里开基筑室，男耕女织。何三捷家族克勤克俭，始终保持“忠厚传家”之风，人丁得以日益繁盛，田产得以逐步增多。八斗村何三捷后人对他敬仰有加，遂奉其为开村始祖，建祠以祀。

三捷何公祠建筑整体布局较为特殊，主要出入口并不开在中心，而是开在建筑的稍间上，上书“何家祠道”，前檐下绘有花草山水图和“和合二仙”图等。由于历史等原因，壁画曾一度被涂刷，后来恢复。

· 石门额和木刻楹联

过头门入天井，可看到二进中心又开一凹门斗入口，周边为麻石门框，上刻“三捷何公祠”，门口两边有一对联“系承三凤后　脉占五羊前”。天井两侧增加隔墙，建筑空间在此收窄为三开间的主体空间，只有通过两侧的圆拱形小门才能看到隔墙后的小院。

进入二进后，视觉空间也在发生变化。左右廊庑和后堂以及中间的小天井无不显示着一种对称的格局，空间也在缩窄，这时才真正进入祠堂空间中。两侧廊庑间窄小的圆拱门还能感觉到建筑空间向外的渗透，可见真正的祠堂只有中间的两进三开间建筑，周边的均是具有居住功能的房屋。后堂正中为一厅室，挂有一匾，上书“敦叙堂”三字，因为后人在这座圣堂里祭祀祖先，故它是整个祠堂的核心所在。后堂左右共有四间厢房。

祠堂建筑形态显现出浓郁的客家风貌：封闭的外貌，大小不等的天井、悬山屋顶等。祠堂被周围的民居所环绕，这种布局形式在客家的围屋中曾大量出现，但如此小规模的围屋却很少见。

整座祠堂共有大小房13间，布局有别于其他祖祠，且均保存完好，是研究晚清岭南建筑和当地客家风俗的重要实物资料。

祠堂内有一块清嘉庆十九年（1814）重修碑，记载了何三捷在康熙年间由永安青溪白石迁到八斗村“开基筑室，耕读为业，教训子孙，克勤克俭，忠厚传家”的伟绩，并详细罗列了祠堂族规。大门旷地前有宽敞的水塘，东西两边有横屋，远远望去，整个建筑和周围环境交相辉映，颇有气势。

在三捷何公祠左前方有一口水井，是八斗村始祖于康熙年间从永安青溪白石迁来当地定居时为解决用水问题而挖掘的。井口长1.9米，宽1.5米。井台长4米，宽4米，占地面积16平方米。井壁和井底由花岗岩条石砌筑。井水深1.2米，终年长流不断，清澈甘洌，是当地居民用水的主要来源，水井如今保存完好。村中有老人说，这口水井的水从来没干涸过，遇到干旱的时候，周边村子所有水井都已无水，但这口水井依然井水充足。有一年，八斗村一带大旱，周围的村民都前来这口井排队挑水。

· 何家祠道

· 祠前古井

时四陈公祠

时四陈公祠位于九龙镇莲塘村内，为供奉莲塘陈姓始祖陈彦约第五代孙陈时四的祖祠，也是村中唯一的祠堂。陈时四、陈季四是两兄弟，原来居住在萝岗重岗村。那时，大哥陈时四以养鸭为生，经常赶鸭群到香山窿（今莲塘村）的鱼塘放养，见此地风光秀丽，环境清幽，立意在此定居，于是携家眷至此地，养鸭、劳作，生儿育女，渐渐人丁兴旺起来。

北宋天圣年间（1023—1031），陈彦约奉诏赴广东任南雄路教谕，后定居番禺梁宁乐乡（今九龙镇）。陈彦约是宋代陈姓入粤始祖之一，其后裔今已达数十万人，大多分居于珠三角地区。

· 时四陈公祠

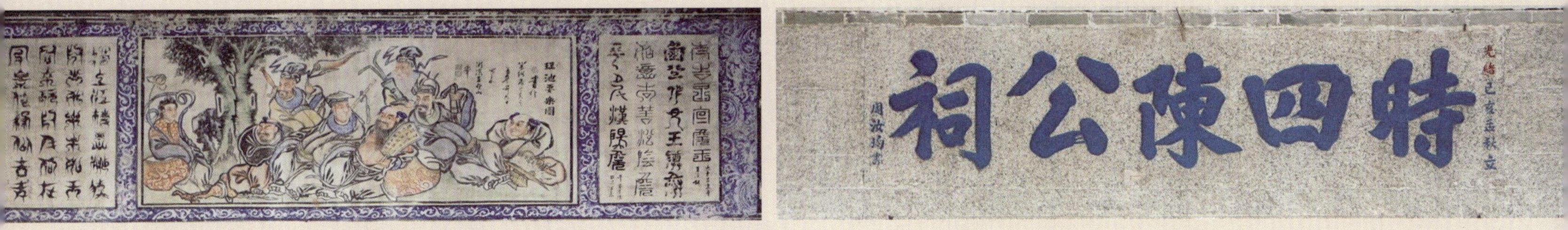

・头门石门额与清代壁画

祠前荷塘

· 青云巷博古脊

· 青云巷封檐板

时四陈公祠始建于清光绪二十五年（1899），1998年重修，规模宏大，在周边其他村庄中尚不多见。祠前原立旗杆夹石两对，上刻“祀壬辰科探花陈伯陶”和“甲辰进士陈之鼒”等字样，后被毁。祠堂背靠玄武山，前有一口面积约10000平方米的大水塘。玄武山与案山相连成通廊轴线，前有左辅右弼相依。村民几百年来从不随意砍伐他们的“靠山”——玄武山的一草一木，不盖房侵占祠堂门口的空地，不填环绕村庄的莲塘，不在以祠堂为轴线的方向上盖房子遮挡祠堂……这既是对土地发自内心的尊重，也是对环境中山水草木的敬畏。

祠堂坐北向南，面阔三间，深三进，占地面积900多平方米。左右两侧为衬祠。硬山顶，灰塑博古脊，碌灰筒瓦，青砖镬耳山墙，封檐板木雕花草，黄陶瓦剪边。

· 镬耳山墙

·左青云巷内景

正间头门面阔三间。大门上石额刻“时四陈公祠”，上款刻“乙亥孟秋立”，下款刻“周汝均书”等字。前后各两根石檐柱，驼峰斗拱，雕人物花草，虾公梁上有石狮承重，砖雕墀头，祠前檐下马鞍形垂带四级台阶。两侧衬祠檐下灰塑人物花草。头门石门额上方有清代壁画《瑶池耍乐图》，头门外廊左山墙有壁画《岁寒三友图》，右山墙有壁画《花鸟》。画幅较为完整，人物形象生动，技法精湛，字体雄浑。祠堂内的雕塑大多完整，雕刻古朴，体现了当时高超的建造工艺。

中堂面阔三间，前后各两条石檐柱支撑，中间四条金柱，金字架托梁。后金柱中间有屏风，上挂“善世堂”木匾，为清光绪三十年（1904）甲辰恩科进士、诰授资政大夫陈之鼐手书。

·头门前廊砖雕墀头

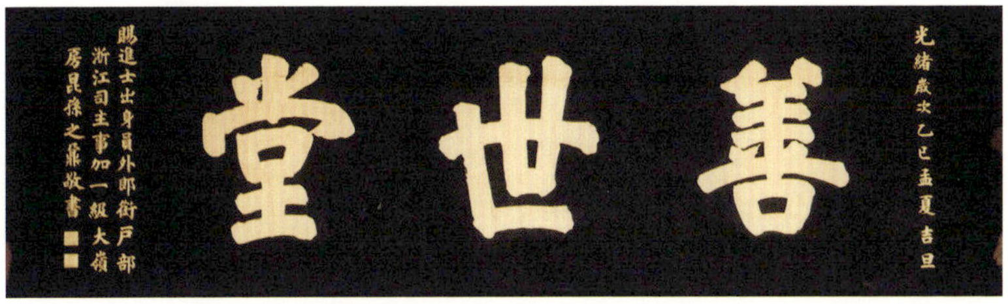

· 中堂金匾

后堂面阔三间，檐口两条石柱，中为四条金柱。祠内进与进之间用天井和两廊连接。

该祠为莲塘村陈氏各房集资所建，现为村老人活动中心，村民常在祠堂广场搭建戏台，组织舞狮、粤剧等民俗展演、巡游和节庆活动，村中婚嫁喜庆也都在祠堂里举行。莲塘村有正月初四“上灯”的习俗，每年正月初四当天，上年内添男丁的家庭要到祠内挂花灯，举行庆祝仪式，意为延续香火。上灯的时候，祠堂、老屋、老榕树都挂上红灯笼，十分喜庆。

· 中堂

黄埔古建筑

HUANGPU GUJIANZHU

庙宇览胜

MIAOYU LANSHENG

笔岗玄帝古庙 BIGANG XUANDI GUMIAO
元贝玉虚宫 YUANBEI YUXUGONG
塘头北帝古庙 TANGTOU BEIDI GUMIAO

笔岗玄帝古庙

东区街道笔岗村玄帝古庙前身为崧觉庵，又称崧觉寺，供奉道教北方真武玄天上帝。古庙位于铜鼓山顶，而铜鼓山又居于宏岗村与笔村之间，海拔约800米，山下树木苍郁，桂荔满园，山巅间顽石点缀，岭上一片苍翠，山间一股清泉，终年长流不息，环境清幽。在此登高可将山下美景尽收眼底。

· 玄帝古庙

· 山门屋脊博古彩塑

民国初年，玄帝古庙与丹水坑真庄观、海光禅寺、仙源岩佛迹洞、文武庙、金花庙、观音庙等道观和佛门圣地一脉相连，僧侣云集，拜客络绎，香火旺盛，颇显一地民风世俗。

玄帝古庙原为崧觉寺。据庙内碑刻记载，明崇祯十六年（1643），本里道长梁庭之和门徒朱生振等将崧觉寺从铜鼓山顶搬迁到山下，并改名为玄帝古庙。

古庙坐西向东，占地面积666平方米。主体建筑由三殿组成，由北向南一字排开；硬山顶，筒瓦，博古彩塑正脊，脊有鳌鱼戏珠，雕花封檐板，人字封火山墙，四周施石刻壁画，青砖石脚墙。

· 山门前壁上的石刻壁画

• 主殿

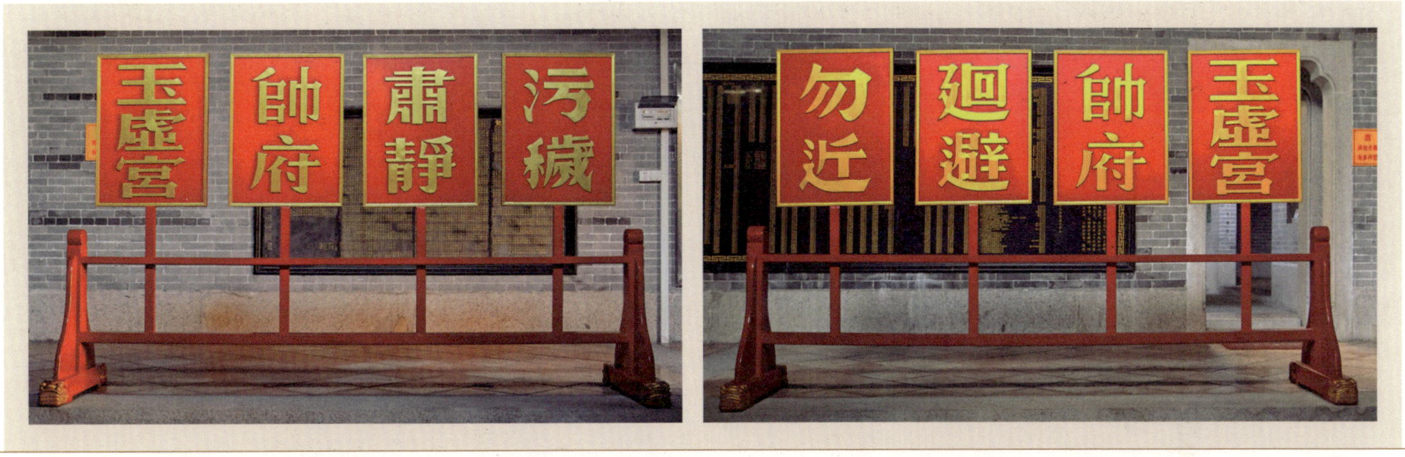

· 主殿内的仪仗

主殿头门面阔三间，门额刻“玄帝宝殿”四字。后堂前有天井、亭盖，呈卷棚状。两侧设走廊。后堂檐前两条石柱，中间四条金柱。后堂供奉北帝、文昌帝、华光帝、玄坛公、康公元帅。

中殿由主殿横门进入，中间为天井两廊，天井呈卷棚状。天井上首为观音殿，正中供奉观音菩萨。天井下首为韦陀殿，正中供奉韦陀神像，左右两侧为厢房。

· 中殿

· 都城王殿

后殿由中殿横门进入，中间有天井，上首为都城王殿，中间供奉广东都城王菩萨，南侧镶有笔村乡约碑（原碑刻丁嘉靖丨八年正月十八日，因年久风化侵蚀，1997年10月乡民觅石重刻）。笔村乡约首先声明："国有法而乡有规，无规矩不能成方圆，无法规不能靖乡土。阴阳和而雨泽降，夫妇和而家道成。"订立乡约的目的在于"维护本乡公益，对公尝公产、公民财产、民事鏐辖、损害公益等事进行立约，使乡民安居乐业，风淳乡梓"。然后是乡约六条，内容为不得随意毁坏砍伐山上树林、公共财产要公开、乡民联防、对破坏公共水利设施者予以罚款，等等。

· 青云巷博古彩塑

· 静心亭

中殿和后殿正前方为一小花园，占地面积90多平方米。内建一小亭，名为静心亭。

古庙内现存石碑10方，真实地记载了历代重修庙宇的情况，其年代依次为：明嘉靖八年至十八年（1529—1539）、隆武元年（1645）、清乾隆十五年（1750）、乾隆四十八年（1783）、道光十二年（1832）、同治元年（1862）、同治九年（1870）、光绪九年（1883）、1927年及1996年。其中有反映当地水利纠纷的记事碑，对于地方史的研究极具史料价值。

每年农历正月十八是笔村玄帝诞。在玄帝诞日，要组织乡民抬着康公主帅神像出游全村四坊，祈求风调雨顺，五谷丰登，民康物阜，场面热闹非凡。村民也称之为“笔村

· 康公元帅塑像

十八会”“玄帝诞庙会”。

1949年后，庙内道人被遣散，土地、水塘、果树收归公有，庙宇逐渐败落。到1960年代中期，庙里佛像捣毁殆尽，殿宇被用作村里碾米厂和榨油坊。

1996年初，笔村村民和耆老联络海内外人士提出重修玄帝庙的倡议，立即得到村民和海外亲友的热烈响应和鼎力支持。大家慷慨解囊，共襄盛举，古庙被重修一新，于2015年全部竣工。2018年3月5日（农历正月十八），中断了70年的笔村玄帝诞庙会再度拉开帷幕，康公主帅神像出游全村四坊，善男信女均出门参拜酬神，祈求岁岁平安，当年“笔村十八会”的热闹景象再次出现。

元贝玉虚宫

玉虚宫位于萝岗街水西元贝村。始建于清雍正年间，乾隆五十年（1785）、嘉庆十八年（1813）、道光二十七年（1847）重修，同时添建右侧文武殿。坐北朝南，面阔15.2米，深两进计17.8米，占地面积270平方米。硬山顶，灰塑博古脊，雕花封檐板，人字封火山墙，青砖石脚墙。

· 玉虚宫正面

· 山门前廊立柱上的石挑头

· 山门前廊立柱上的石挑头

· 石门额

· 庙内壁画

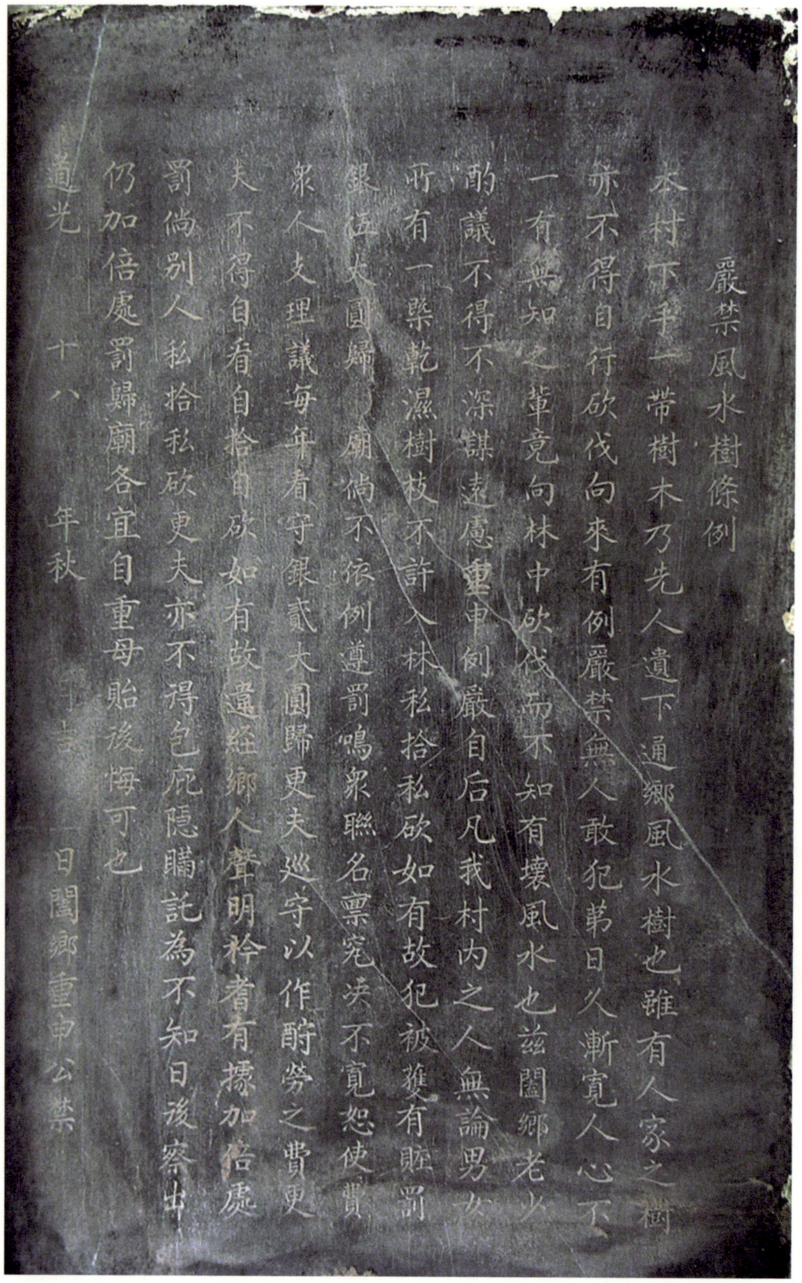

玉虚宫头门面阔三间。头门前廊比较浅窄，檐口两条石柱，次间设虾公梁，石门夹上刻“玉虚宫”三字，左右石刻对联“德昭元贝约　灵接武当山”。两侧墀头尚好。

进门右侧设门官神像，左侧有重修碑及禁约碑六方，记录元贝村历史和乡规民约，很有历史价值。其中尤其值得注意的是“严禁风水树条例”碑。该碑设立缘起为保护村内的一处树林，村民认为这处树林与村子“风水”息息相关，故需严加保护。“本村下手一带树木乃先人遗下，通乡风水树也。虽有人家之树，亦不得自行砍伐，向来有例严禁，无人敢犯。第日久渐宽，人心不一，有无知之辈，竟向林中砍伐而不知有坏风水也。”为保护树林，碑文规定：“自后凡我村内之人，无论男女，所有一概干湿树枝，不许入林私拾私砍，如有故犯，被获有赃，罚银五大圆归庙。倘不依例遵罚，鸣众联名禀究，决不宽恕。”

• “严禁风水树条例”碑

· 左侧廊及天井

传统的“风水”讲究在我国建筑选址、设计、营造中几乎无所不在，这种古老的学说虽有荒诞迷信色彩，但合理成分居多，包含着人们与大自然和谐相处的理念。从科学的角度来讲，保护林木，不仅可以保持水土，调节温湿度，营造良好的小气候，而且可以形成赏心悦目的自然环境。

玉虚宫头门后有天井带两廊。后堂为主神殿，面阔三间，深三间。后堂六条柱台梁承重（檐口为两条石柱，中间四条金柱，石雕花篮脚柱础）。中间安设北帝神像。

· 山门博古脊

· 青云巷博古脊

从神殿右侧穿过一小门即是文武庙，占地面积约80平方米。前堂为一禅房，后堂供奉“文曲星”“武曲星”二神像，故称文武庙。

在中国古代神话传说中，文曲星是主管文运的星宿，文章写得好而被朝廷录用为高官的人通常会被认为是“文曲星下凡”。而武曲星是一颗财星，天生具有财性，所以与钱财特别有缘。被武曲星眷顾的人一生都在努力工作赚钱，权力欲望大，活动能力强，也因此有着不屈不挠的意志以及不畏挫折和开创的精神。

· 后殿博古脊

塘头北帝古庙

• 北帝古庙

· 后殿博古脊

萝岗街塘头村北帝古庙始建于明代，曾多次重修。坐北向南，占地面积351平方米。人字封火山墙，青砖石脚墙。头门博古脊，雕花封檐板，雕塑图案非常精美。庙前为一400多平方米的石砌地坪。

黄埔地处沿海，当地百姓依海生存，靠海谋生。北帝为水神，位于水源之上，奉祀北帝，则为祈求其控制水源多寡，促进农业、渔业、海上贸易畅顺。故此，黄埔百姓既祭拜赤帝南海神洪圣王，又供奉黑帝北方真武玄天上帝，即北帝。

· 主殿内的香火

广东最早开设的北帝庙位于佛山，称为“祖庙”，意思为北帝庙之始祖。清屈大均《广东新语》记载：“吾粤名真武宫，以南海佛山镇之祠为大，称曰祖庙。其像被发不冠，服帝服而建玄旗，一金剑竖前，一龟一蛇蟠结左右。”

北帝古庙主间头门正面阔三间，深两间。左右有“静趣”和“洁香”两侧殿，各宽3.5米。主殿前廊檐下六级台阶，檐口两条石柱，虾公梁上各有一石雕狮子、驼峰，两侧砖雕墀头精美。

· 主殿内景

· 古庙山门

古庙正门为石门夹，门上石额刻“北帝古庙”四字，门口石刻对联“北极奠安南天高拱　塘溪派始萝峤群宗”。入门有一屏风门，上有一匾刻“祥光普照”四字。两侧墙壁镶有清雍正、乾隆、嘉庆、咸丰和民国时期等多块重修碑，详尽记录着该庙的历史，对研究该地区的历史有较大参考价值。

古庙头门后有天井和两廊，四架卷棚顶。

后殿面阔三间，深三间，龙船脊。檐口两条石柱，中间四条金柱，正面供奉北帝公，东面墙壁挂有多副对联。

北帝古庙是“萝岗会景”的主要活动场所。古代，萝岗一带的村子被分为塘头约、冈园约、青紫约、逕子约等四约，包括30多个自然村。从清代始，萝岗四约就在每年的农历三月初三举办“会景”，后因三月正值春耕大忙，影响农事，加之春雨连绵，会景活动如抬菩萨巡游、演戏、探亲访友等都受天气影响，故改为每年农历九月初三、初四两天举行，那时正值农闲，又逢秋高气爽，适宜举行各种户外活动。会景在四约之间轮流主办，当年轮到哪个约，即由该约的父老在祠堂开会商量会景的各项事宜。

· 山门博古脊

· 山门石门额上方的壁画

· 青云巷壁画

· 山门前壁“福鼠”石雕

· 砖雕墀头

萝岗四约各有一个北帝庙，轮到哪个约主办会景就抬哪个约的北帝出巡。巡游队伍从北帝古庙出发，一路都有村民焚香点烛、顶礼膜拜、鸣铳及燃放爆竹等，以祈求北帝保佑天下太平、风调雨顺。届时各村均在大街设置贡棚贡案，贡品主要有三牲、时令鲜果等。巡游队伍到达贡棚后，村民跪拜，焚香鸣铳，恭请北帝“鉴贡”。拜毕，队伍沿着大街向下一处贡棚进发。环绕全约一周后又回到北帝庙，当天巡游结束。第二天仍抬北帝巡游，不过队伍行进路线与第一天相反，“鉴贡”仪式一样。如此周而复始，年复一年。

· 山门前廊石柱础

黄埔古建筑

HUANGPU GUJIANZHU

配件撷英

PEIJIAN XIEYING

木雕 MUDIAO

匾额 BIAN'E

砖雕 ZHUANDIAO

石雕 SHIDIAO

木 雕

· 梁架木雕

· 封檐板（前）

·封檐板（后）

·雀替

·东区街火村凌溪钟公祠头门木雕

• 东区街火村凌溪钟公祠头门木雕

·九龙镇燕塘村添义陈公祠头门前廊梁架木雕

• 九龙镇下境村竹隐陈公祠雕花封檐板

·九龙镇枫下村马氏大宗祠雕花梁架

·萝岗街龙田村寅堂祖祠梁架木雕

匾额

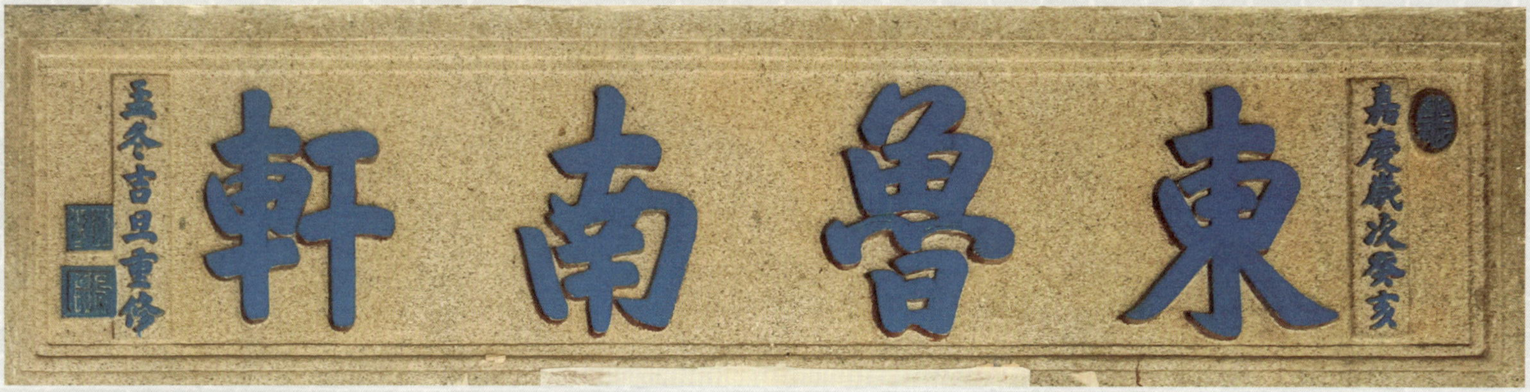

· 联和街暹岗村东鲁南轩石门额

· 东区街火村洪圣古庙石门额

· 萝岗街坑村永保里门楼石门额

• 东区街笔村浚川徐公祠中堂木匾

· 萝岗街坑村“青紫社学”石门额

· 东区街火村南园钟公祠木匾

• 萝岗街竹松村“寿石家塾”石门额

· 萝岗街龙田村寅堂祖祠木匾

· 萝岗街竹松村“颐乐家塾”石门额

·萝岗街萝峰村“逕子社学”石门额

·永和街华峰寺“藏经阁”石门额

砖 雕

· 萝岗街水西村远亭家塾砖雕窗花

· 东区街刘村龙旋钟公祠砖雕墀头

石雕

· 萝岗街迳子社学头门前廊石驼峰

· 联和街暹岗村康护黄公祠门墩石

·陈伯陶墓西侧石狮

· 九龙镇下境古村前路口石狮

· 萝岗街水西村流米井石碑

· 东区街火村西泉古井石碑

・萝岗街钟玉岩墓前石狮子

・萝岗街水西村钟元德夫妇墓前石狮